警察官の
スペシャルトレーニング

小山英之

啓正社

まえがき

　警察官の皆さんは、採用試験に合格すると、各都道府県警察学校において、一人前の警察官としてのレベルに到達するため、集中的な採用時の教養がなされています。そして、その時に習得した知識や技能は、警察官としての行動規範のよりどころとなっており、採用時の教養効果が、卒業後の職場でも貯金となって活用されていることと思います。

　ところが、警察官の身体資源ともいうべき、体力や運動能力に関しては、体力トレーニングの効果を長期的に貯金することはできません。身体資源の維持向上を図るためには、日常的な努力の積み重ねが必要であり、卒業後も体力トレーニングを継続する以外に方法はありません。

　警察学校に入校中であれば、体育指導者からトレーニングの時間とメニューが提供され、何も考えなくとも、計画的にトレーニングを継続することができるでしょう。

　しかし、卒業後の日常生活においては、自らがトレーニング計画を立案する指導者となり、自分自身で体力トレーニングの環境を整えなければ、身体資源の維持向上を図ることはできません。そのためには、「実際にどのように体力トレーニングをすれば良いのか？」という知識とトレーニング方法を理解する必要があります。

　そこで、警察官に特化したトレーニングメニューを作成することで、職場での体力トレーニングの参考書として役立てていただければと思い、本書を執筆することにしました。

　具体的な内容としては、警察官の追跡と制圧の動作に着目したトレーニングです。ですから、警察体力検定種目のJAPPATや体力テストの事前トレーニングに適しているのは勿論のことですが、柔道・剣道・逮捕術等、他の術科訓練のトレーニングにも最適です。実際に、各種術科大会の出場選手にトレーニング指導を数多く実施しており、その効果を高く評価されています。

　むすびに、モデル等のご協力をいただきました橋本憲治氏、中村誠氏、松井伴繁氏に、心から御礼を申し上げるとともに、出版の機会を与えていただいた、啓正社の大瀧正幸氏に、深く感謝の意を表します。

平成30年1月　　　　　　　　　　　　　　　　　　　　　著　　者

目 次

まえがき ———————————————————————————— 1
目　　次 ———————————————————————————— 3
参考文献 ———————————————————————————— 4

1　警察官のスペシャルパフォーマンス ———————————— 5
1　逃走する被疑者を追跡する運動能力 ————————————— 5
2　被疑者を制圧する運動能力 ———————————————————— 6
3　警察官自身の「身の安全」を保つ運動能力 ——————————— 6

2　警察官のスペシャルトレーニング ——————————————— 7
1　オープンスキル ————————————————————————— 7
2　コオーディネーション ——————————————————————— 8
3　コオーディネーショントレーニング ——————————————— 8

3　警察官のスペシャルトレーニングの設定条件 ———————— 9
1　追跡するトレーニング ——————————————————————— 9
2　制圧するトレーニング ——————————————————————— 9
3　身の安全を保つトレーニング ———————————————————— 9
4　追跡と制圧を連結させたトレーニング —————————————— 10

4　警察官のスペシャルトレーニングをするときの留意点 ——— 11
1　トレーニング場所の安全確認 ———————————————————— 11
2　トレーニング実施者の安全確認 ——————————————————— 11
3　2人1組での安全確認 ——————————————————————— 11

5　ウォーミングアップ（ウォームアップ） ———————————— 13

6　追跡するトレーニング ———————————————————————— 26

7　制圧するトレーニング ———————————————————————— 43

8　追跡と制圧を連結させたトレーニング ———————————— 63

9　クーリングダウン（ウォームダウン） ———————————— 67

参考資料1　ケガの応急処置について ——————————————— 76
参考資料2　熱中症について ———————————————————— 78

3

参 考 文 献

「トレーニング・ハンドブック」 鮫島新一　立花書房　1982年
「コオーディネーションのトレーニング」 綿引勝美　新体育社　1990年
「犯人捕捉時に必要な体力について」 熊谷真人・川井伸・中井孝　全国体育指導者研修会　1997年
「コーディネーション・エクササイズ」 東根明人監修　全国書籍出版　2004年
「改訂　警察官に必要なトレーニング・プログラム」 小山英之　立花書房　2006年
「月刊警察　警察官のためになる大切な運動講座」 小山英之　東京法令出版　2009年
「スポーツ活動中の熱中症予防ガイドブック」 日本体育協会　2013年
「現代高等保健体育　改訂版」 大修館書店　2017年
「アクティブスポーツ2017」 大修館書店　2017年
「もっとなっとく　使えるスポーツサイエンス」 征矢英昭・本山貢・石井好二郎　講談社　2017年

1 警察官のスペシャルパフォーマンス (Police Officer's Special Performance)

　警察官は、職務執行中に起こり得る身体活動に対応するために、体力の維持向上と高い運動能力を保持した身体をつくり、職務の遂行に対し高度の適応性を養うことが必要です。

　特に、職務執行の中でも、非常に困難な身体活動を要求されるのが、「逃走する被疑者を追跡して、抵抗する被疑者を制圧する。」であると考えられます。しかも、自分自身の「身の安全」を保たなければなりません。

　そこで、「逃走する被疑者を追跡して、抵抗する被疑者を制圧する。」を遂行するために必要な身体能力を、「警察官のスペシャルパフォーマンス」と名づけました。

　この理由としては、他の職業には絶対に起こり得ない、特殊な身体活動であり、警察官の重要な職務であることを、すべての警察官に改めて認識を高めていただくことにあります。

　以下に、警察官のスペシャルパフォーマンスを、「追跡する、制圧する、身の安全を保つ」の3つに分けて、それぞれに必要な運動能力を解説してみました。

1 逃走する被疑者を追跡する運動能力

　逃走する被疑者の追跡距離に関する研究報告によると、200m程度までの距離がほとんどであり、特に50〜100mに集中していることが明らかになっています。

　言うまでもなく、この追跡する能力は、陸上競技場で被疑者と平坦なコースを走って、200m走の記録を競い合うわけではありません。

　警察官には、200m以内の短い距離において、急激に方向変換をしたり、障害物をジャンプしたり、くぐり抜ける等の予期せぬ動作をしながら、必死になって逃げる被疑者に対して、様々な状況に反射的に対応しながら、いかにして追いつくことができるかという疾走（ダッシュ）能力が必要であると考えられます。

　補足になりますが、最近の研究によると、自転車で逃走する被疑者に走って追いつくためには、40m程度の距離が境界線であり、より一層のスタートダッシュ能力が重要であるとの報告があります。

② 被疑者を制圧する運動能力

　抵抗する被疑者の制圧に関する研究報告によると、被疑者の制圧時に必要とする体力は、腕に関連した体力（握力・腕で引く力・腕で押す力）が全体の約90％を占めています。次いで、体幹の筋力、蹴る力の順となっています。

　これらの体力要素は、それぞれが別々に活用されているわけではなく、逮捕術を中心とした制圧技術を駆使し、必死になって抵抗する被疑者に対して、引っ張ったり、押したり、引きずり出したりなどの複合的な動きの中で活用されており、いかにして予測不可能な動作を止めることができるかという全身の能力が必要であると考えられます。

③ 警察官自身の「身の安全」を保つ運動能力

　地域警察官の受傷事故は、職務質問中の活動形態において、被疑者から殴る・蹴るなどの暴行を受けた状況が非常に多く、術科訓練中の受傷事故は、瞬間的な動きや無理な体勢を保持するときに活用される、膝から下の部位に集中しているとの研究報告があります。

　これらの原因としては、被疑者や訓練相手からの攻撃に対して、身体のバランスを崩したり、無理な体勢になったりしたときに、その状況から自分の身体を素早く回避することができずに起こっていると考えられます。

　警察官が身の安全を保つためには、この回避能力を高めることが必要であると考えられます。

2 警察官のスペシャルトレーニング (Police Officer's Special Training)

　ここでは、警察官のスペシャルパフォーマンスを高めるためのトレーニング方法を考えてみましょう。

　トレーニングの考え方としては、警察官自身の「身の安全」を保ちながら、逃走する被疑者を追跡して、抵抗する被疑者を制圧するためには、自分のペースではなく、必死になって抵抗する被疑者や、訓練相手の動きに対応できる高い運動能力を身につけるためのトレーニングでなければなりません。ですから、ただ単に走力を高めたり、筋力を高めたりするような、一般的なトレーニングでは十分ではありません。

　そこで、長期間に及ぶ研究の結果、警察官に適したトレーニングとして体系化したのが、本書の『警察官のスペシャルトレーニング』です。

　具体的なトレーニングの手法としては、「最初に、被疑者が逃げる、抵抗するなどを模倣した運動様式を設定する。次に、わざと身体を不安定な状態にしたり、動きを制限した状態にしたりして、バランスが崩れた状況や予想できない状況を意図的に作り出す。そして、持ち合わせている運動能力を駆使して、その状況に対応する経験をさせる。」という手順でトレーニングを実施します。

　体育・スポーツ科学の視点から説明すると、「オープンスキルを重視したコオーディネーショントレーニングを利用して、追跡と制圧の運動様式を経験させるトレーニング」となります。

　それでは、この理論の理解度を深めてもらうために、「警察官のスペシャルトレーニング」のキーワードとなる、「オープンスキル」と「コオーディネーショントレーニング」の用語を詳しく解説してみましょう。

1 オープンスキル

　各種スポーツの場面において、周囲の状況や相手に反応しながら、反射的・瞬発的な動きを駆使して、器用に・巧みに運動する技能を「オープンスキル」といいます。例えば、球技や柔道・剣道のような種目は、味方や相手、ボールの位置などが時々刻々と変化するので、それらの外部からの刺激を手がかりとして適切な運動を実行する必要があります。

　これに対して、器械運動や水泳、陸上競技などは、安定した環境において、

自分の身体動作の感覚を手がかりとして、最初から決められた運動を、正確に実施する運動技能が重要であり、「クローズドスキル」といいます。

2 コオーディネーション

　コオーディネーションとは、調整力と訳される場合が多いですが、ここでは単に調整力のみを示すものではなく、無意識のうちに、身体を操る総合能力のことを示します。神経系（感覚器→中枢神経→運動器官）や判断力を含めた、身体のあらゆる機能を最大限に利用して、最も状況に適した動きを実行する能力です。イメージとしては、「器用な動き、巧みな動き、キレのある動き、運動神経がいい」などと表現される動作が当てはまるでしょう。

　旧共産圏（特に東ドイツ）のリハビリテーション技術から発展してスポーツのトレーニングとなり、世界的に普及した経緯があります。以下の7つに分類されます。

（定 位 能 力）　位置関係を知り、時間的、空間的に合わせて動作する能力
（反 応 能 力）　情報を認知して、適切に素早く反応する能力
（結 合 能 力）　連結能力ともいい、部分動作を全体の動作に組み合わせる能力
（分 化 能 力）　識別能力ともいい、正確に、精密に動作する筋肉感覚の能力
（リズム能力）　リズムを作ったり、真似したり、合わせる能力
（バランス能力）　バランスを維持する、崩れを素早く回復する能力
（変 換 能 力）　状況を認知して、予測してプログラムを変換する能力

3 コオーディネーショントレーニング

　この7つの能力を発達させるため、目的に応じた動作の条件を設定する必要があります。常に動作が不慣れな状態で、身体に経験させることがポイントです。そして、その経験を身体にインプットさせて、いざという時に、最適な動作として活用させようとするトレーニングです。

　実際のトレーニング方法としては、わざと身体を不安定な状態にしたり、動きを制限した状態にしたりして、バランスが崩れた状況や予想できない状況を意図的に作り出し、その状況をうまく打開させるようなトレーニングを設定することになります。

3 警察官のスペシャルトレーニングの設定条件

1 追跡するトレーニング

　前述したように、200m程度までの追跡距離がほとんどであり、特に50〜100mに集中しています。それに基づいて、警察体力検定種目「JAPPAT」の第1ステージ（直線折り返し走）と第2ステージ（スラローム走）の走行距離は、144mとなっています。

　これをトレーニングの設定時間に換算すると、概ね10〜30秒程度の疾走（ダッシュ）時間が妥当でしょう。ただし、スタートダッシュを強化する目的であれば、最初の数秒間を取り出したトレーニングも重要な設定ポイントであると考えます。

2 制圧するトレーニング

　制圧時には、腕に関連した体力、体幹の筋力、蹴る力などが重要な体力要素となっていますが、制圧するための時間に関する研究報告はありません。ただし、動作分析の観点からみると、実際に被疑者と格闘をする場面では、数秒〜30秒程度の時間において、高強度の動作を維持するトレーニングが必要です。

　また、状況に応じて、この動作を間欠的に繰り返すトレーニングも重要な設定ポイントであると考えます。

3 身の安全を保つトレーニング

　警察官が身の安全を保つためには、追跡と制圧時において、自分よりも先に被疑者や訓練相手のバランスを崩したり、無理な体勢にさせたりすることが重要ですが、先に相手の方が優位な状態になると、自分が逆に受傷する可能性が高まります。

　つまり、身の安全を保つトレーニングは、追跡と制圧するトレーニングと表裏一体の関係であり、同じトレーニングをすることで効果が得られると考えます。

4 追跡と制圧を連結させたトレーニング

　被疑者を走って追いかけて、捕らえたことがある警察官の多くは、「追跡した後に、そのまま連続的に制圧する行為を経験している。」との研究報告があります。そのため、警察体力検定種目「JAPPAT」の第3ステージ（胸つけ背つけ＋腕立て伏せ）は、第1と第2ステージの追跡する模擬動作の直後に連続で組み込まれています。

　ですから、トレーニングの場面でも、追跡するトレーニングと制圧するトレーニングを連結させたトレーニングは、必要性の高い設定ポイントであると考えます。

4 警察官のスペシャルトレーニングを するときの留意点

『警察官のスペシャルトレーニング』は、職場で2人がペアを組んで、手軽に自主トレーニングをしていただくための参考書ですが、それに加えて、各所属全体での術科訓練として活用されることも多いと思います。特に、機動隊の隊員や各種術科大会に出場する選手にとっては、非常に効果的なトレーニングメニューとなるでしょう。

このような場合には、指導者は集団に対して、一斉指導の形態になります。そこで、指導者の視点から、トレーニングをするときの留意点を示しました。

1 トレーニング場所の安全確認

屋内施設であれば、床板のささくれや支柱を固定する穴の露出などの床面のチェックとドアや窓ガラスを含めた壁面のチェックをします。屋外施設であれば、地面の石ころや突起物を取り除き、凹凸を整地するなどのサーフェスのチェックをします。

気象状況によって、指導者はトレーニングの延期や時間帯の変更などの適切な判断が必要です。特に、熱中症の対策（参考資料2）を万全に講じなければなりません。

2 トレーニング実施者の安全確認

季節・天候にあった服装を心掛けましょう。人為的なケガを防ぐために、腕時計・ネックレスなどの装身具を外すように、指導者は指示を徹底させて下さい。

場所や施設に適したシューズを用意しましょう。道場では、素足になるので、爪の手入れだけではなく、足全体を清潔に保つことを心掛けましょう。また、各自で床面と足裏の滑り具合のチェックも重要です。

3 2人1組での安全確認

2人1組になるときには、同じ年齢層のペアを選び、身長や体重などの体格差や男女差も考慮します。特に、40歳以上の人は、瞬発力の低下が顕著である

ことが多いので、下肢（アキレス腱・ふくらはぎの筋肉など）のケガに注意が必要です。必ず、ウォーミングアップをしながら、各自で身体のコンディションを確認しましょう。

　集団で実施するときに、周囲のペアとの距離を保ち、2人1組の立ち位置が一定の方向に揃うように、指導者は指示を徹底させて下さい。

5 ウォーミングアップ（ウォームアップ）

　ウォーミングアップは、筋肉を温めることが重要であり、軽く汗をかき、息があがる程度の運動強度が必要となります。そして、これから実施する主運動やスポーツ種目の特性に応じた、動作や体力要素に関連した内容を取り入れることが非常に効果的です。
　警察官のスペシャルトレーニングは、追跡と制圧に着目したトレーニングですので、特別な動きが必要となります。
　今から紹介するウォーミングアップは、そのための専門的なウォーミングアップです。ボールを使ったトレーニングの時には、ウォーミングアップ（ボール型）を選択すると良いでしょう。
　それでは、数字の順番に従って、ペアで楽しく、やってみましょう！

基本型

1 パートナーの肩を利用して、同じ側の手で足の甲を持ちます。背すじを伸ばした状態から、膝を後ろに引き上げます。反動を使わないように。左右3〜5回ずつ。

基本型

2 パートナーの肩を利用して、膝を伸ばして、前後に足を振り上げます。反動を使わないように。左右3〜5回ずつ。

- 次に、膝を曲げて、前後に足を振り上げます。

3 足裏を床につけて、片方の足を乗せて、かかとが浮かないようにロックをします。パートナーは、肩の下の部位を軽く押しましょう。10秒程度。

5 ウォーミングアップ（ウォームアップ） 基本型

4 膝を大きく外側に連続で3〜5回転させて、股関節を動かします。同じように内側にも連続で回転させます。

5 両手首を引っ張ってもらい、やや背中を丸めて、後ろに体重をかけます。10秒程度。

6 1〜2m離れて向かい合います。その場でウォーキング（ジョギング）をしながら、ジャンケンをします。負けたら、パートナーの後ろを回って戻ります。30〜60秒程度。

基本型

5 | ウォーミングアップ（ウォームアップ）

7 背中合わせになり、両腕を組みます。立った状態から、一緒にしゃがんで、足を伸ばして座り、再び立った状態まで戻ります。3回繰返す。

8 1m離れて向かい合います。両手で押したり、かわしたりしながら、相手のバランスを崩します。足が動いたら負けです。30〜60秒程度。

- しゃがんだ姿勢でおこないます。足裏を床につけるパターンとかかとをあげるパターンがあります。

5 ウォーミングアップ（ウォームアップ） 基本型

9 1～2m離れて向かい合います。その場でスキップをしながら、ジャンケンをします。負けたら、パートナーの後ろをスキップで回って戻ります。30～60秒程度。

スキップしながら！

10 片手で握手をした状態で、ジャンケンをします。ジャンケンに勝ったら、握手をしている手の甲を叩きます。負けたら、叩かれないように手のひらで防ぎます。30秒程度。

ジャン・ケン・ポン！

叩く！

基本型

11 1～2m離れて向かい合います。リズミカルに足で、ジャン・ケン・ポンをします。ジャンケンに勝ったらそのまま、負けたら、即座に勝ちになるようにリアクションします。30秒程度。

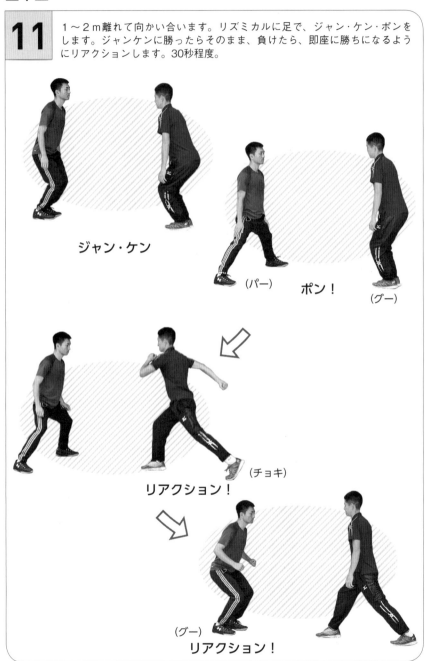

5 | ウォーミングアップ（ウォームアップ）　　　　　　　　　　　　　　　　　基本型

12 1～2m離れて向かい合います。リズミカルに足で、ジャン・ケン・ポンをします。ジャンケンに勝ったら、両手でバンザイをして喜び、負けたら、しゃがんで反省のポーズです。30秒程度。

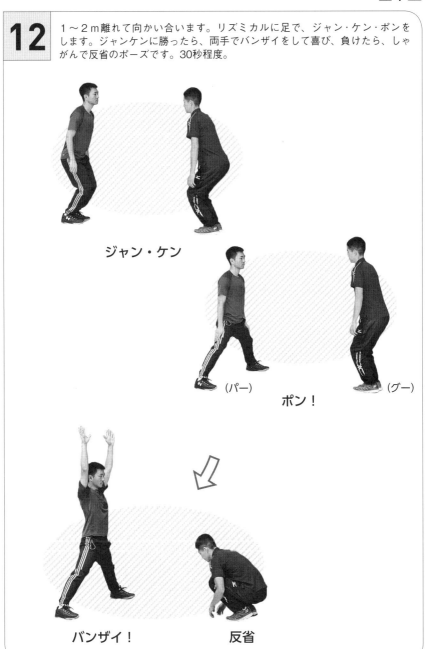

ジャン・ケン

（パー）　ポン！　（グー）

バンザイ！　反省

ボール型

1 向かい合って、最初は両手でボールの受け渡しをします。少しずつ距離を離します。両手が限界になったら、右手から右手、左手から左手の片手で受け渡しをします。

2 背中合わせになって、頭上でボールの受け渡しをして、次に股間から受け渡しをします。少しずつ距離を離します。

5 ｜ウォーミングアップ（ウォームアップ）

ボール型

3 背中合わせになって、上体を捻りながら、8の字になるように左右交互に、ボールの受け渡しをします。少しずつ距離を離します。

4 1～2m離れて向かい合います。その場でウォーキング（ジョギング）をしながら、ジャンケンをします。負けたら、パートナーの後ろをドリブルで回って戻ります。30～60秒程度。

21

ボール型

5 1〜2m離れて向かい合います。開脚して座った人は、パートナーが山なりに投げたボールを、両手でキャッチします。バランスが崩れないように。30秒程度。

6 背中合わせになって、ボールを背中にはさみます。立った状態から、一緒にしゃがんで、再び立った状態に戻ります。3回繰返す。

5 ウォーミングアップ（ウォームアップ） ボール型

7 1m離れて向かい合います。リズミカルに、足でジャン・ケン・ポンをします。ジャンケンに勝ったらそのまま、負けたら、左右の足裏でボールに6回タッピングをします。30〜60秒程度。

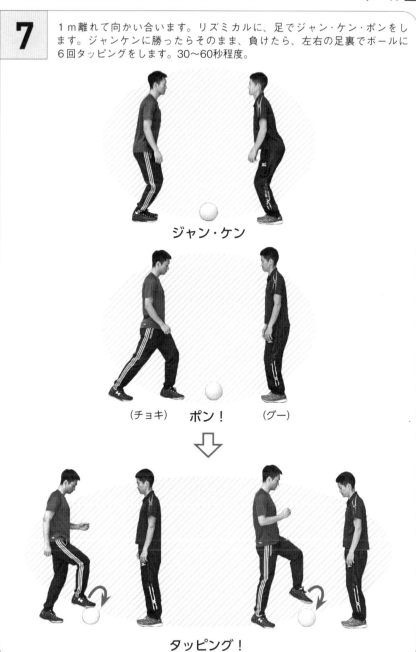

ジャン・ケン

（チョキ）　ポン！　（グー）

⇩

タッピング！

ボール型

8 1m離れて向かい合います。1人がボールに両足でのった状態で、「ジャン・ケン・ポン、あっち向いてホイ」をします。ボールにのった人が転びそうになったら、パートナーは助けてあげます。30〜60秒程度で役割を交代しましょう。

ジャン・ケン・ポン！　　　あっち向いてホイ！

9 3〜5m離れて向かい合います。両手で投げたボールをワンバウンドで、背中側におんぶキャッチします。30秒程度。

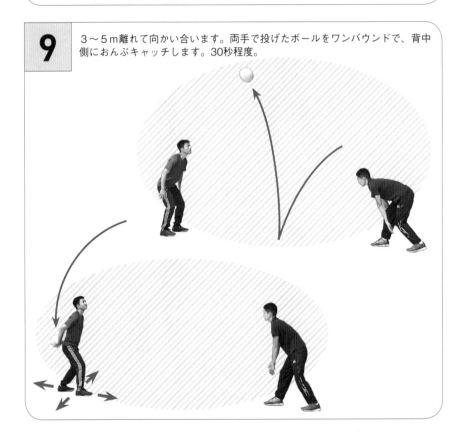

5 ウォーミングアップ（ウォームアップ） ボール型

10 1m離れて同じ方向を向きます。両手で頭上からボールを落下させます。上体を反転させて、パートナーの胸の前にある両手のひらにタッチをしてから、ワンバウンドしたボールをキャッチします。30〜60秒程度。

- 次第に、肩・腰の高さから落下させてみましょう。

6 | 追跡するトレーニング

　追跡するトレーニングは、道具や用具を必要とせずに、2人1組で実施する「基本型」とバレーボールを1個利用して、2人1組で実施する「ボール型」にまとめました。

　基本的には、それぞれの数字の順番に従ってトレーニングを進めるように構成されています。しかし、皆さんの環境に応じて、トレーニング時間や強度を変える目的で、奇数のみの順番、偶数のみの順番、「基本型」と「ボール型」をミックスさせるなどの工夫は自由にしていただいてかまいません。

　各トレーニング種目の実施時間は、その動作の目的に合わせて、概ね10〜30秒程度に設定して下さい。

　例えば、逃走する自転車を追跡する目的であれば、40m以内のスタートダッシュが最重要ですので、数秒〜10秒程度に設定することになります。また、150mを追跡する目的であれば、20〜30秒程度の疾走時間を設定することになります。

モデルコース（各コース5分）

基 本 型

a	1	—	5	—	9
b	2	—	6	—	10
c	3	—	7	—	11
d	4	—	8	—	12

ボ ー ル 型

a	1	—	4	—	8
b	1	—	5	—	9
c	2	—	6	—	10
d	3	—	7	—	11

6 追跡するトレーニング　　　　基本型

1 向かい合って、パートナーに両手で補助をしてもらいながら、両目を閉じたままでダッシュをします。パートナーは、不規則に前後左右へ誘導します。10〜30秒程度。

目を閉じる！

2 向かい合って、パートナーは、膝の高さに両手を出して、不規則に前後左右へと移動します。パートナーの手のひらにタッチをしながら、もも上げのダッシュをします。10〜30秒程度。

3 向かい合って、パートナーは、顔の高さに片手を出して、不規則に前後、左右、上下に移動します。ダッシュをする人は、手のひらと顔の距離が50cmにキープされるように。10〜30秒程度。

基本型

4 背中合わせになり、両腕を組みます。お互いに相手の方向に、後ろ向きのダッシュをします。10〜30秒程度。

5 向かい合って、パートナーは、胸を両手でブロックをしながら、少しずつ後退します。ダッシュをする人は、大きなフォームを意識しましょう。10〜30秒程度。

6 同じ方向を向いて、パートナーは、手前に引き戻そうとしながら、少しずつ前進します。ダッシュをする人は、大きなフォームを意識しましょう。10〜30秒程度。

6 追跡するトレーニング　　　基本型

7 開脚して座っているパートナーは、大きな声で「右」または「左」の指示をします。中央の位置でダッシュをする人は、その声に従って、サイドステップをして戻ります。戻ったら素早く、パートナーは、次の指示を出します。10〜30秒程度。

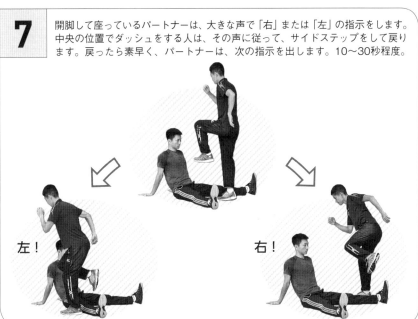

8 2m離れて向かい合います。パートナーは、「右」または「左」に腕を挙げて、合図を出します。ダッシュをする人は、自分の右に合図が出たら、右肘と左膝をクロスさせてタッチ、左に合図が出たら、左肘と右膝をクロスさせてタッチします。タッチしたら、再びダッシュをします。10〜30秒程度。

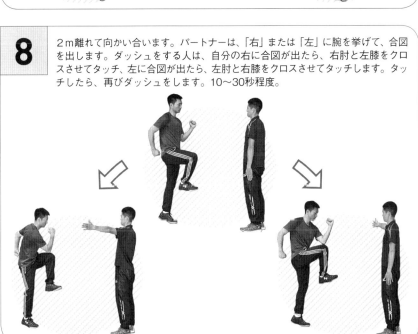

基本型

6 | 追跡するトレーニング

9　2m離れて向かい合います。パートナーは、「右」・「左」または「前」に腕を挙げて、合図を出します。ダッシュをする人は、自分の右に合図が出たら、右側に腰をツイスト、左に合図が出たら、左側にツイストをします。前に合図が出たら、その場で膝を伸ばしたまま、ジャンプをします。10〜30秒程度。

6 | 追跡するトレーニング

基本型

10　2ｍ離れて向かい合います。パートナーは、「前」または「上」に両腕を挙げて、合図を出します。ダッシュをする人は、前に合図が出たら、床に胸つけをし、上に合図が出たら、両手を後頭部に組んで、床に背つけをします。10〜30秒程度。

基本型

11 3〜10m離れて同じ方向を向きます。後ろのパートナーは、左右に両腕を挙げて、左右の指の本数を自由に変えて示します。その姿勢のまま、大きな声で「ゴー(GO)」の指示を出します。ダッシュをする人は、反転をして、指の本数が多い腕からくぐり、後ろを回って戻ります。30〜60秒程度の時間内に反復できる回数を。

- うつ伏せの姿勢からダッシュをします。

6 追跡するトレーニング　基本型

12 ２ｍ離れて向かい合います。リズミカルに足で、ジャン・ケン・ポンをします。ジャンケンに勝ったら、反転をしてダッシュ、負けたら、ダッシュをする人を追いかけ、背中にタッチをします。30～60秒程度の時間内に反復できる回数を。

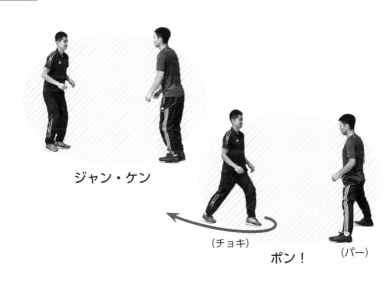

・うつ伏せの姿勢から、手でジャンケンをします。

ボール型

1 2m離れて向かい合います。パートナーは、「右」・「左」または「前」に腕を挙げて、合図を出します。ボールを持ってダッシュをする人は、右に合図が出たら、右手でドリブルダッシュ、左に合図が出たら、左手でドリブルダッシュをします。前に合図が出たら、その場で膝を伸ばしたまま、ジャンプをします。ジャンプをしたら、再びダッシュをします。10〜30秒程度で。

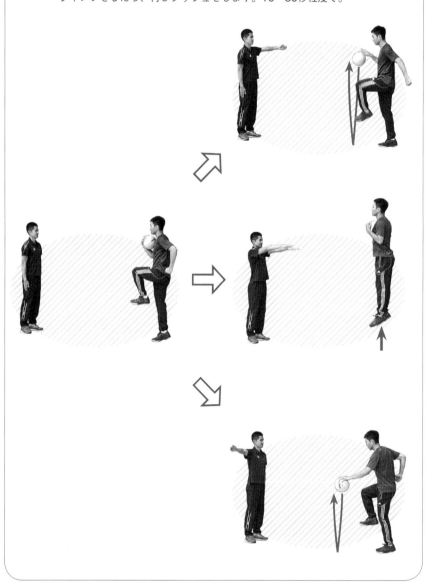

6 追跡するトレーニング

ボール型

2 2m離れて同じ方向を向きます。パートナーは、両手で頭越しに山なりのボールを投げます。ダッシュをする人は、前方を向いたまま、ボールが見えたらダッシュをして、できるだけ少ないバウンド数でキャッチします。30〜60秒程度の時間内に反復できる回数を。

- うつ伏せの姿勢からダッシュをします。

3 2m離れて同じ方向を向きます。パートナーは、両手で頭越しに山なりのボールを投げます。ダッシュをする人は、前方を向いたまま、その場でスキップをしていて、ボールが見えたらダッシュをして、できるだけ少ないバウンド数でキャッチします。30〜60秒程度の時間内に反復できる回数を。

ボール型

6 | 追跡するトレーニング

4　2m離れて同じ方向を向きます。パートナーは、「両手で頭越しに山なりのボールを投げる」または「股間にボールを転がす」のどちらかを選択します。ダッシュをする人は、前方を向いたまま、両脚を左右に開いて立ちます。ボールが見えたらダッシュをして、できるだけ素早くキャッチします。30～60秒程度の時間内に反復できる回数を。

どっちかな？

6 追跡するトレーニング

ボール型

5 同じ方向を向いて、パートナーはボールを持ったまま、上体を前にかがめます。前方にボールを転がすと同時に、両手で両足首をつかんで上体を固定します。ダッシュをする人は、ボールが見えた瞬間に馬跳びをして、できるだけ素早くキャッチします。30～60秒程度の時間内に反復できる回数を。

6 3～10m離れて同じ方向を向きます。後ろに立っているパートナーは、指の本数を変えて示しながら、左右に両腕を挙げます。ダッシュをする人は、両手で頭上からボールを落下させると同時に反転をして、指の本数が多い腕からくぐり、後ろを回って戻ります。できるだけ少ないバウンド数でキャッチしましょう。30～60秒程度の時間内に反復できる回数を。

ボール型

7 3～10m離れて同じ方向を向きます。後ろのパートナーは、両手の指の本数を変えて示しながら、左右に両腕を挙げます。ダッシュをする人は、両手で頭上からボールを落下させると同時に反転をして、指の本数が多い腕をくぐり、次に股間をくぐり抜けて、できるだけ少ないバウンド数でキャッチします。30～60秒程度の時間内に反復できる回数を。

6 追跡するトレーニング　　ボール型

8 3〜10m離れて同じ方向を向きます。後ろのパートナーは、両手でボールをバウンドさせます。ダッシュをする人は、ボールが床に当たる「バン」の音を合図に反転をして、できるだけ少ないバウンド数でキャッチします。30〜60秒程度の時間内に反復できる回数を。

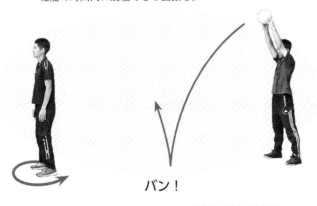

バン！

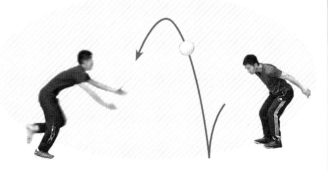

- うつ伏せの姿勢からダッシュをします。

ボール型

6 | 追跡するトレーニング

9 3〜10m離れて同じ方向を向きます。後ろのパートナーは、両手でボールをバウンドさせると同時に、両手の指の本数を変えて示しながら、左右に両腕を挙げます。ダッシュをする人は、ボールが床に当たる「バン」の音を合図にうつ伏せの姿勢から反転をして、指の本数が多い腕をくぐり、次に股間をくぐり抜けて、できるだけ少ないバウンド数でキャッチします。30〜60秒程度の時間内に反復できる回数を。

バン！

ボール型

10 3〜10m離れて反対方向を向きます。パートナーは、両手でボールをバウンドさせると同時に、「前かがみになり、両手で両足首をつかんで上体を固定する」または「両脚を左右に開いて立つ」のどちらかを選択します。ダッシュをする人は、ボールが床に当たる「バン」の音を合図に反転をして、パートナーの選択に合わせた、「馬跳びをする」または「股間をくぐり抜ける」をして、できるだけ少ないバウンド数でキャッチします。30〜60秒程度の時間内に反復できる回数を。

ボール型

11 3～10m離れて向かい合います。パートナーは、片手で頭上高くからボールを落下させます。ダッシュをする人は、ボールが手から離れた瞬間に、腕立ての姿勢から起き上がり、できるだけ少ないバウンド数でキャッチします。30～60秒程度の時間内に反復できる回数を。

- 仰向けで腕立ての姿勢からダッシュします。

7 制圧するトレーニング

制圧するトレーニングは、道具や用具を必要とせずに、2人1組で実施する「基本型」とバレーボールを1個利用して、2人1組で実施する「ボール型」にまとめました。

基本的には、それぞれの数字の順番に従ってトレーニングを進めるように構成されています。しかし、皆さんの環境に応じて、トレーニング時間や強度を変える目的で、奇数のみの順番、偶数のみの順番、「基本型」と「ボール型」をミックスさせるなどの工夫は自由にしていただいてかまいません。

各トレーニング種目の実施時間は、その動作の目的に合わせて、概ね10～30秒程度に設定して下さい。

また、複数の種目を組み合わせることで、様々な動作を経験することになり、より効果的なトレーニングとなります。

モデルコース（各コース5分）

基 本 型

a　1 ― 5 ― 9 ― 13
b　2 ― 6 ― 10 ― 14
c　3 ― 7 ― 11 ― 15
d　4 ― 8 ― 12 ― 15

ボ ー ル 型

a　1 ― 3 ― 7 ― 11
b　1 ― 4 ― 8 ― 12
c　1 ― 5 ― 9 ― 13
d　2 ― 6 ― 10 ― 14

7 | 制圧するトレーニング

基本型

1 50cm離れて向かい合います。リズミカルに、1・2・3のタイミングでジャンプをします。空中で胸と胸を軽くぶつけます。着地時には、できるだけバランスを崩さずに、ピタリと静止をしましょう。10〜30秒程度。

イチ・ニー

サン！

・肩と肩を軽くぶつけます。

イチ・ニー

サン！

・背中と背中を軽くぶつけます。

イチ・ニー

サン！

7 制圧するトレーニング

基本型

2 1m離れて向かい合います。片足で立ちながら、両手で押したり、かわしたりしながら、相手のバランスを崩します。軸足が動いたら負けです。10〜30秒程度。

3 2m程度離れて向かい合います。上体と片足が床と平行になった状態で、片足で立ちます。両手で押したり、かわしたりしながら、相手のバランスを崩します。軸足が動いたら負けです。10〜30秒程度。

基本型

4 2m離れて向かい合います。リズミカルに足で、ジャン・ケン・ポンをします。ただし、1人はケンの時に膝を伸ばしたまま、ジャンプをすることで、空中で相手を見てからの後出しジャンケンをします。必ず勝ちましょう。10～30秒程度。

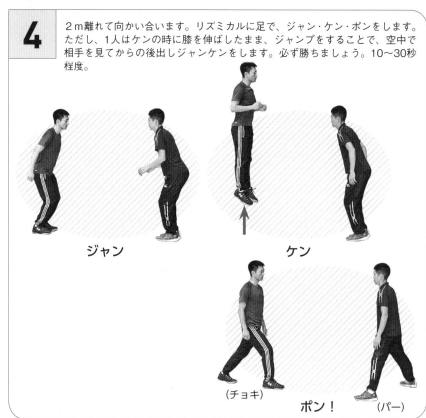

ジャン　　　　　ケン

（チョキ）　ポン！　（パー）

5 近づいて向かい合います。片手で握手をした状態で、相手を押したり引いたりして、バランスを崩します。相手と自分の身体に触れないようにしましょう。足が動いたら負けです。10～30秒程度。

- 片手で腕相撲の握り方でおこないます。
- 片足で立った姿勢でおこないます。

7 | 制圧するトレーニング　　　　　　　　　　　　基本型

6　近づいて向かい合います。両手が8の字のように、クロスに握手をした状態で、相手を押したり引いたりして、バランスを崩します。相手と自分の身体に触れないようにしましょう。足が動いたら負けです。10〜30秒程度。

7　両脚を挙げ、V字バランスの姿勢で、横に並びます。片手で握手をした状態で、相手を押したり引いたりして、バランスを崩します。相手と自分の身体に触れないようにしましょう。10〜30秒程度。

・片手で腕相撲の握り方でおこないます。

基本型

7 | 制圧するトレーニング

8 両脚を挙げ、Ⅴ字バランスの姿勢で、両腕を組んで向かい合います。足裏を合わせて、押したり力を抜いたりして、バランスを崩します。足裏が離れないように気をつけましょう。10〜30秒程度。

9 片手で握手をした状態で、お互いのどちらかの膝にタッチをします。自分の膝はタッチをされないように、素早く動き回りながら、先に相手の膝にタッチをしましょう。10〜30秒程度。

・攻める人と守る人を固定しておこないます。

10 両足をそろえて、腕立ての姿勢になり、片手で握手をします。相手を押したり引いたりして、バランスを崩します。10〜30秒程度。

7 | 制圧するトレーニング　　基本型

11 パートナーが両足首を持った姿勢で、腕立て伏せをします。パートナーは、不規則に前後左右に移動して、不安定な状態にします。両手のひらが床から動かないように、固定させたままで腕立て伏せをします。10～30秒程度。

- 片足首だけを持ってもらいながら、腕立て伏せをします。

7 | 制圧するトレーニング

基本型

12 パートナーが両足首を持った姿勢で、手押し車をします。パートナーは、不規則に前後左右に移動して、不安定な状態にします。10〜30秒程度。

13 1〜2m離れて向かい合います。腕立ての姿勢になり、逃げる人と追いかける人を決めて、手だけを使って移動しながら、鬼ごっこをします。10〜30秒程度。

14 1〜2m離れて向かい合います。仰向けで四つんばいの姿勢になり、逃げる人と追いかける人を決めて、鬼ごっこをします。タッチをする時は、手でも足でもOKです。10〜30秒程度。

7 制圧するトレーニング

基本型

15

3〜5ｍ離れて向かい合います。パートナーが鏡の前に立っているイメージになります。パートナーは、自由に様々な動きをします。鏡に映った姿役をする人は、できるだけ忠実にパートナーの動きを再現します。10〜30秒程度。

本人　　　　　　　　　　　鏡役

51

ボール型

1 近づいて向かい合います。お互いに両手でボールを持って、相手を押したり引いたりして、バランスを崩します。相手と自分の身体に触れないようにしましょう。足が動いたら負けです。10〜30秒程度。

- しゃがんだ姿勢でおこないます。足裏を床につけるパターンとかかとをあげるパターンがあります。

2 近づいて向かい合います。片手で握手をした状態で、相手を押したり引いたりして、バランスを崩します。相手と自分の身体に触れないようにしましょう。足が動いたら負けです。また、ボールを持っている人は、落としても負けです。10〜30秒程度。

- 片足で立った姿勢でおこないます。

7 制圧するトレーニング

ボール型

3 近づいて向かい合います。片手で握手をした状態で、相手を押したり引いたりして、バランスを崩します。相手と自分の身体に触れないようにしましょう。足が動いたら負けです。ボールを持っている人は、ドリブルをしながら、持っていない人は、片足で立った姿勢でおこないます。10〜30秒程度。

4 1〜2m離れて向かい合います。パートナーは、不規則なリズムで手を叩きます。腕立ての姿勢でドリブルをする人は、その音に合わせて、ドリブルをする手を交代します。30〜60秒程度。

パン！

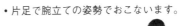

- ドリブルがうまくできない時には、両膝を床につけた姿勢でおこないます。
- 片足で腕立ての姿勢でおこないます。

53

ボール型

5 1～2m離れて向かい合います。両脚を挙げ、V字バランスの姿勢で座った人は、パートナーがワンバウンドで投げたボールを、両手でキャッチします。バランスが崩れないように。30～60秒程度。

6 両足にボールをはさんで、パートナーの足首を持って、上体を固定させます。パートナーは、足を様々な方向に押し離します。ボールを落とさずに、床につく前にボールを元の位置に戻しましょう。10～30秒程度。

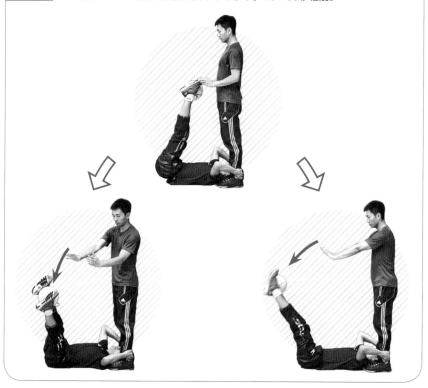

7 制圧するトレーニング

ボール型

7 パートナーが両足首を持った姿勢で、片手でボールを転がしながら、手押し車をします。パートナーは、不規則に前後左右に移動して、不安定な状態にします。10〜30秒程度。

ボール型

8 両脚を挙げて向かい合って座ります。お互いの足裏でボールをはさんだ状態のまま、ボールを落とさないように、右回転と左回転をおこないます。30〜60秒程度の時間内に反復できる回数を。

7 制圧するトレーニング　　ボール型

9 1m離れて同じ方向を向きます。両手で頭上からボールを落下させます。上体を反転させて、パートナーの両手の位置を判別して、タッチをしてから、床に胸つけをして立ち上がり、できるだけ少ないバウンド数でボールをキャッチします。30～60秒程度の時間内に反復できる回数を。

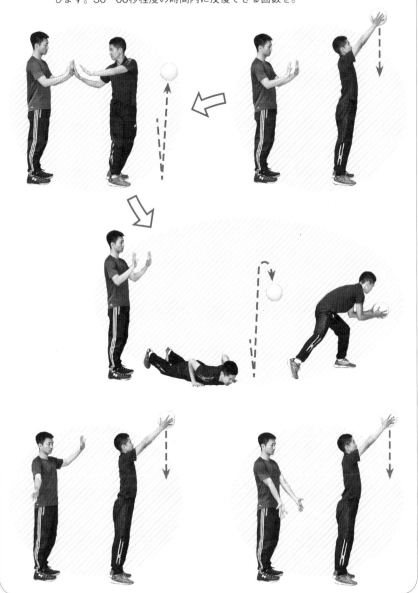

7 制圧するトレーニング

ボール型

10 1m離れて同じ方向を向きます。パートナーは、両手でボールをバウンドさせると同時に、前かがみになり、両手で両足首をつかんで上体を固定します。ボールが床に当たる「バン」の音を合図に、馬跳びをして股間をくぐり抜け、再び馬跳びをしてから、できるだけ少ないバウンド数でボールをキャッチします。30〜60秒程度の時間内に反復できる回数を。

バン！

7 制圧するトレーニング

ボール型

11 1〜2m離れて向かい合います。パートナーは、片手で頭上高くからボールを落下させます。ボールが手から離れた瞬間に、床に胸つけと背つけを連続してから起き上がり、できるだけ少ないバウンド数でキャッチします。30〜60秒程度の時間内に反復できる回数を。

ボール型

12 パートナーは、片手で頭上高くから、仰向けの姿勢になった人の腰にボールを落下させます。ボールが手から離れた瞬間に、ボールに当たらないように、身体をひるがえします。

- 次第に、顔・肩の高さから落下させてみましょう。30〜60秒程度の時間内に反復できる回数を。

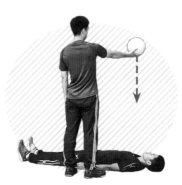

7 制圧するトレーニング

ボール型

13 パートナーは、片手で頭上高くから、仰向けの姿勢になった人の腰にボールを落下させます。ボールが手から離れた瞬間に、身体をひるがえして起き上がり、パートナーの後ろを回って、できるだけ少ないバウンド数でボールをキャッチします。30〜60秒程度の時間内に反復できる回数を。

ボール型

14 パートナーは、ボールを落下させた後に、立っている位置を少し移動します。ボールが手から離れた瞬間に、身体をひるがえして起き上がり、移動したパートナーの後ろを回って、できるだけ少ないバウンド数でボールをキャッチします。30～60秒程度の時間内に反復できる回数を。

連結させたトレーニング 例2

○1人ずつ実施するトレーニング
○設定場面：追跡のスタートダッシュ後に、下肢と体幹を使って制圧する。

- 追跡するトレーニング「ボール型」3を30秒間実施する。
   ― できる限りのセット数を繰り返す ―

（連結する）

- 制圧するトレーニング「ボール型」6を15秒間実施する。

8 追跡と制圧を連結させたトレーニング

　これまで紹介してきた、追跡するトレーニングと制圧するトレーニングを手に組み合わせて、連続で実施することで、追跡と制圧を連結させたトレーニングとなります。
　単純に考えると、何百通りの組み合わせが可能となりますが、それぞれの場面に応じて、目的に合った動作を連結させて設定して下さい。
　ここでは、代表的なトレーニングの例を紹介したいと思います。

連結させたトレーニング 例1
　　○1人ずつ実施するトレーニング
　　○設定場面：100m程度の追跡後に、腕に関連した体力を使って制圧する。

- 追跡するトレーニング「基本型」⑧を20秒間実施する。

（連結する）

- 制圧するトレーニング「基本型」⑪を20秒間実施する。

64

連結させたトレーニング 例3

○2人で同時に実施するトレーニング
○設定場面：50～100m程度の追跡後に、全身で格闘しながら制圧する。

- 追跡するトレーニング「基本型」4を15秒間実施する。

（連結する）

- 制圧するトレーニング「基本型」9を20秒間実施する。

連結させたトレーニング 例4
○1人ずつ実施するトレーニング
○設定場面：150〜200m程度の追跡後に、腕と体幹を使って制圧する。

- 追跡するトレーニング「基本型」3を30秒間実施する。

- 制圧するトレーニング「ボール型」5を15秒間実施する。

- 制圧するトレーニング「ボール型」7を15秒間実施する。

9 クーリングダウン（ウォームダウン）

　クーリングダウンは、主運動をした直後の心身の状態を安静時の状態に戻すことです。しかし、クーリングダウンは、ウォーミングアップと比較して、軽視されることが多く、完全に省略されることもあるのが現実のようです。
　クーリングダウンには、疲労回復を早める効果がありますので、運動後に心身のメンテナンスをする気持ちで、習慣化するようにしましょう。
　今から紹介するクーリングダウンは、マッサージのような内容も含まれています。ボールを使ったトレーニングの時には、クーリングダウン（ボール型）を選択すると良いでしょう。
　それでは、数字の順番に従って、ペアでリラックスして、やってみましょう！

基本型

1 1～2m離れて向かい合います。その場でウォーキングをしながら、ジャンケンをします。負けたら、パートナーの後ろを回って戻ります。徐々に、ゆっくりと小さな動きへと変化させましょう。60秒程度。

基本型

2 仰向けの姿勢になった人の片足を持って、軽く上下に振ってあげましょう。
左右20〜30秒ずつ。

3 安座している人の両手首を持って、上に引っ張ってあげましょう。10秒間を3回。

4 安座している人の両手首を持って、後ろに引っ張ってあげましょう。10秒間を3回。

9 | クーリングダウン（ウォームダウン）

基本型

5 安座している人は、両手を後頭部に組みます。パートナーはももの側面を背中に当てながら、両肘を後ろに引っ張ります。10秒間を3回。

6 足裏を合わせて座っている人の両膝を上から軽く押します。10秒間を3回。

7 仰向けの姿勢になった人の足首を持って、片脚を伸ばします。反対の脚が浮かないようにしましょう。20〜30秒程度。

基本型

9 | クーリングダウン（ウォームダウン）

8 仰向けの姿勢になった人の膝と足の甲を軽く押して、片膝が胸につくように曲げます。20〜30秒程度。

9 うつ伏せの姿勢になった人の両足の甲を軽く押してあげましょう。20〜30秒程度。

次に、両足の甲をお尻の外側に軽く押してあげましょう。

10 うつ伏せの姿勢になった人は、両膝をそろえて足裏を上に向けます。パートナーは、アキレス腱が伸びるように、つま先を押してあげましょう。20〜30秒程度。

9 クーリングダウン（ウォームダウン）　　基本型

11 うつ伏せの姿勢になった人の肩が浮かないようにロックをします。同じ側の膝を押して、腰をツイストさせます。20〜30秒程度。

12 仰向けの姿勢になった人の肩が浮かないようにロックをします。同じ側の膝を押して、腰をツイストさせます。20〜30秒程度。

13 仰向けの姿勢で、下肢が4の字になった人の腰骨が浮かないようにロックをします。反対側の膝を押して、股関節をひろげるようにします。20〜30秒程度。

ボール型

9 | クーリングダウン（ウォームダウン）

1

3〜5m離れて向かい合います。その場でウォーキングをしながら、ワンバウンドで、キャッチボールをします。右手・左手・両手で投げます。徐々に、ゆっくりと小さな動きへと変化させましょう。60秒程度。

9 クーリングダウン（ウォームダウン）　　ボール型

2 向かい合って、開脚して座った姿勢でボールの受け渡しをします。ゆっくりと両手で正面だけではなく、左右に受け渡ししましょう。20～30秒程度。

3 向かい合って、足裏を合わせて座った姿勢でボールの受け渡しをします。ゆっくりと両手で正面だけではなく、左右に受け渡ししましょう。20～30秒程度。

4 両膝を立てて背中合わせになって座ります。上体を捻りながら、8の字になるように左右交互に、ゆっくりとボールの受け渡しをします。20～30秒程度。

ボール型

5 近づいて同じ方向を向きます。パートナーは、両手でボールを持って、首すじ・肩・背中を小刻みに「トントン」とマッサージをします。20〜30秒程度。

トン・トン！　　　　　　　トン・トン！

6 脚を前後に開脚させて、背すじを伸ばしながら、後ろの膝をボールにのせます。パートナーは、同じ側の手首を持って、上に引っ張り上げましょう。20〜30秒程度。

7 両膝を立てて仰向けの姿勢になり、ボールを利用して背すじを伸ばすようにマッサージをします。20〜30秒程度。

9 | クーリングダウン（ウォームダウン）

ボール型

8 パートナーは、うつ伏せの姿勢になった人の片膝の裏側に、ボールをはさんだ状態で軽く押します。20〜30秒程度。

9 パートナーは、両手でボールを押しながら転がして、うつ伏せの姿勢になった人の腕・肩・背中・脚に、「ゴロゴロ」とマッサージをします。30〜60秒程度。

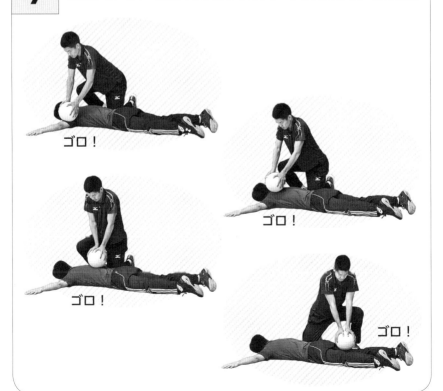

参考資料 1 ケガの応急処置について

RICEとは

　運動中の受傷事故を防止するために、細心の注意を払わなければなりません。しかし、どんなに安全対策をしても、完全にケガを無くすことは非常に難しいのが現状です。

　万が一、ケガをした場合には、すぐに適切な応急処置が必要であり、処置の仕方によっては、ケガの治癒する期間も大きく違ってきます。そこで、捻挫や肉離れなど、よく起こるケガの応急処置である「RICE」について説明します。

　このRICEは、4つの処置である「**Rest、Icing、Compression、Elevation**」の頭文字をとって、ライスの略称で普及されています。

Rest（レスト：安静にする）

　とにかく、ケガをしたら運動を中止して、ケガをした部位を動かさずに安静にします。よく見かけますが、ケガの部位を動かして痛みの程度を確認したり、マッサージのようにさすったりする人がいます。症状を悪化させるだけですので、絶対に動かさないようにして下さい。

Icing（アイシング：氷で冷やす）

　アイシングは、ケガをしたらすぐに実行しましょう。冷やすことで、ケガをした部位の痛みを軽減させることができます。そして、血流を少なくして、腫れや内出血を最小限に抑えることができます。また、ケガした部位と周囲の組織の代謝を低下させて、いわゆる「冬眠状態」にして損傷範囲が広がるのを防ぎます。

　実際の冷やし方は、アイスバック（氷のう）、またはビニール袋に氷を入れて、空気を抜いて使用します。氷がない場合は、食品の保冷剤を活用することも良い方法です。「感覚がなくなるまで冷やし、感覚が戻るまで冷やすことを中断する」を繰り返します。

　目安としては、20分間程度冷やし、10分間程度中断するような間隔で実施しましょう。通常は、ケガをしてから6～24時間は継続します。

Compression（コンプレッション：圧迫する）

　ケガをした部位の周囲を伸縮性のある包帯やテーピングで包み込むと、血流を少なくして、腫れや内出血を最小限に抑えることができます。この時に、注

意しなければならないことは、圧迫し過ぎて血流を止めないことです。しびれ、けいれん、痛みなどの症状がみられたら、包帯やテーピングを緩めて下さい。

Elevation（エレベーション：心臓より高くする）

ケガをした部位を心臓の位置より高くすることで、重力により血流を少なくして、腫れや内出血を最小限に抑えることができます。例えば、足首をケガした場合には、足首の下に座布団を置き、あお向けに寝そべることで、心臓よりも高い位置に保つことが可能です。

以上、RICEについて説明しましたが、それぞれの処置は、ケガの部位や周囲の組織に対して、意図的に血流を悪くすることが目的であると考えれば理解しやすいでしょう。

ですから、ケガをした当日に、ゆっくりとお風呂に入り、ケガの部位をマッサージしながら、ビールを飲むという行為は、完全に逆効果であることがお判りでしょう。

なお、RICEを実施して、数時間経過しても痛みや腫れが改善されなければ、医師の治療を受けてください。RICEは、ケガを最小限に抑えることはできても、ケガを治すことはできません。

捻挫の応急処置

Rest（レスト）
運動を中止して、安静にする。

Icing（アイシング）
20分冷やし、10分中断を繰り返す。

Compression（コンプレッション）
包帯やテーピングで圧迫する。

Elevation（エレベーション）
心臓の位置より高くする。

参考資料 2　熱中症について

熱中症とは

　夏になると暑さによる運動中の熱中症事故が起きています。熱中症とは、暑熱環境で生じる障害の総称のことで、重症度に応じて、Ⅰ度、Ⅱ度、Ⅲ度に分けられます。

　日本体育協会の『スポーツ活動中の熱中症予防ガイドブック』には、「スポーツによる熱中症事故は無知と無理によって健康な人に生じるものであり、適切な予防措置さえ講ずれば防げるものです。」と記述されています。それでも熱中症事故が増加しているということは、スポーツ指導者や選手に知識が正しく浸透していないためと考えられます。

　実は、かなり以前から、熱中症の予防対策は確立されているのです。ここでは、熱中症の症状と対策についてしっかりと理解しましょう。

Ⅰ度（熱失神・熱けいれん）

　熱失神は、脳への血流が減少して、酸素不足になった状態です。めまいや立ちくらみなどを起こします。足を高くして寝かせます。熱けいれんは、水分だけを多量に補給して、血液の塩分濃度が低下した状態です。痛みをともなった筋肉のけいれんを起こします。涼しい場所に運び、スポーツドリンクなどで塩分と水分を補給します。ただし、塩の錠剤のみを水なしに補給しないように注意して下さい。

Ⅱ度（熱疲労）

　多量の発汗により脱水に陥った状態です。めまい・頭痛・吐き気・全身脱力感などを起こし、弱く速い脈拍で、皮膚がベトベトで冷たくなります。涼しい場所に運び、水分を補給します。吐き気などで水分を補給することができなければ、病院に運びます。

Ⅲ度（熱射病）

　身体がオーバーヒートした状態で、最も危険な障害です。皮膚がカサカサして、体温が異常に高くなります。速やかに体温を下げることがポイントです。首すじ・脇の下・太ももの付け根などの部分（太い動脈が表面に近い）を冷やし、救急車を依頼して、急いで病院に運びます。

熱中症の対策

スポーツ指導者や選手が熱中症を正しく理解して、次のような予防対策をすれば、運動中の熱中症は防ぐことができます。

気温と湿度を把握しよう

運動中の発汗は、汗が蒸発することにより体内の熱を放散させることが目的です。しかし、湿度が高くなると、発汗はしても効果的な蒸発ができなくなります。したがって、気温とともに湿度を把握しなければなりません。運動中の気温は、湿度に関係なく31℃を超えたら要注意です。

最近では、気温、湿度、輻射熱、気流の環境条件を把握した指標として、湿球黒球温度（WBGT）を測定することが推奨されています。しかし実際には、WBGTが測定できない場合もあるので、WBGTに対応する乾球温度（気温）、湿球温度（ガーゼで包んだ温度計）を示した表1を参考にして下さい。

表1 熱中症予防運動指針

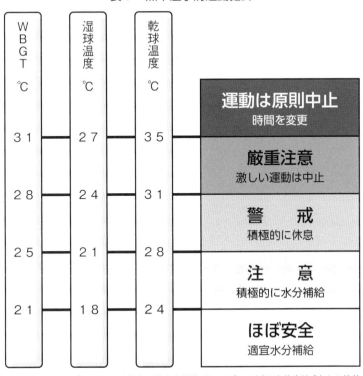

『スポーツ活動中の熱中症予防ガイドブック』（日本体育協会）より抜粋

水分を補給しよう

体温調節には水分が必要不可欠ですが、身体に蓄えることができないので、いつでも自由に補給できる状況にしておきます。運動をする前から、頻繁（15分ごと位）に水分を補給しましょう。通常の水分補給は、水だけで十分ですが、塩分とエネルギー補給を考える場合は、スポーツドリンクを利用すると良いでしょう。塩分濃度は0.1～0.2％で、糖質濃度は４～８％が最適です。糖分が多すぎる場合があるので、スポーツドリンクの成分をチェックすることをお勧めします。

運動の前後に体重を計ろう

運動をした直後に体重を測定して、「やせた」と喜んでいる人がいますが、これは大きな勘違いです。運動によって脂肪が減ったのではなく、発汗による体内の水分が失われたためです。また、ダイエットと称して、運動中に厚着をして汗をかく人がいますが、熱中症を誘発して危険ですので、絶対にしてはなりません。さわやかな服装を心掛けて下さい。

目安としては、体重の３％の水分が減少すると運動能力の低下が起こり、５％の減少で非常に危険な状態となります。もしも、24時間以内に水分が補給されないと熱中症にかかることになります。

暑さに慣れよう

人間には様々なストレスに対して適応する能力があります。暑さに慣れることにより、発汗能力の増大・汗の中の塩分濃度減少などの適応が生じます。これを熱順化（馴化）といい、暑い所で徐々に運動時間・運動強度を増やしておこなうと１～２週間程度で得ることができます。

運動による熱中症の多くの死亡事故は、最初の数日間に起こります。アメリカのいくつかの州では、暑い時期のスポーツに対して、最初の２週間の順化を法的に義務づけているほどです。表２にアメリカンフットボールの順化例を示しました。

このように、日常的に鍛えているプロスポーツ選手でさえ、順化の手順を踏んでいます。是非とも、警察官に対する熱中症の予防対策として、特に暑い時期の機動隊の訓練計画を立案する際に役立てていただければと思います。

表2　アメリカンフットボールの順化例

	1 日目
練習時間	60分
服装と防具	短パンとTシャツ
主な練習内容	ウォーミングアップ ジョギング

	2 日目
練習時間	80分
服装と防具	ヘルメットと短パンとTシャツ
主な練習内容	ウォーミングアップ スプリント

	3 日目
練習時間	100分
服装と防具	トレパンとヘルメット
主な練習内容	スプリント 部分練習（コンタクト禁止）

	4 日目
練習時間	110分
服装と防具	ショルダーパッドとトレパンとヘルメット
主な練習内容	スプリント 部分練習（コンタクト禁止）

	5 日目
練習時間	120分
服装と防具	全装備
主な練習内容	スプリント 部分練習（コンタクト可）

	6 日目
練習時間	150分以内
服装と防具	全装備
主な練習内容	通常の練習

	7 〜 14 日目
練習時間	180分以内
服装と防具	全装備
主な練習内容	通常の練習 隔日であれば、2部練習も可

著者紹介

小山英之（こやま ひでゆき）
警察庁技官
警察大学校　教授
1962年、神奈川県生まれ
筑波大学体育専門学群卒業、同研究生
高校・専門学校の保健体育講師、高校・大学のサッカー部コーチを歴任
警察庁指定拳銃選手（シドニーオリンピック候補）トレーニングコーチ
警察体力検定種目「JAPPAT」の発案者

著書
「警察職員のための体力テストと運動処方」共著（東京法令出版）
「警察官に必要なトレーニング・プログラム」（立花書房）

警察官のスペシャルトレーニング

定価　本体900円＋税

2018年3月1日　初版第1刷発行

著　者　小山　英之
発行者　岸　　洋子
発行所　株式会社 啓正社
　　　　〒102-0073　東京都千代田区九段北1-9-16
　　　　電話03-3261-9139　FAX03-3222-0675

印刷・製本　株式会社 さとう印刷社

ⓒ2018 Hideyuki Koyama　　　　　　　　　　Printed in Japan

ISBN978-4-87572-141-3 C0075

＊落丁・乱丁本は、送料小社負担でお取替え致します。
　小社営業部あてお送り下さい。